RUSSIAN

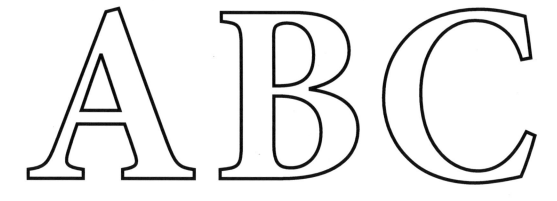

COLORING BOOK

(AZBUKA)

Color and Learn the Russian Alphabet

ELENA KUZMINA

Printed in the United States of America
ISBN-13:978-1541321953
ISBN-10:1541321952

А а

Арбуз

Б б

Бабочка

В

В

Велосипед

Г Г

Гусеница

Д д

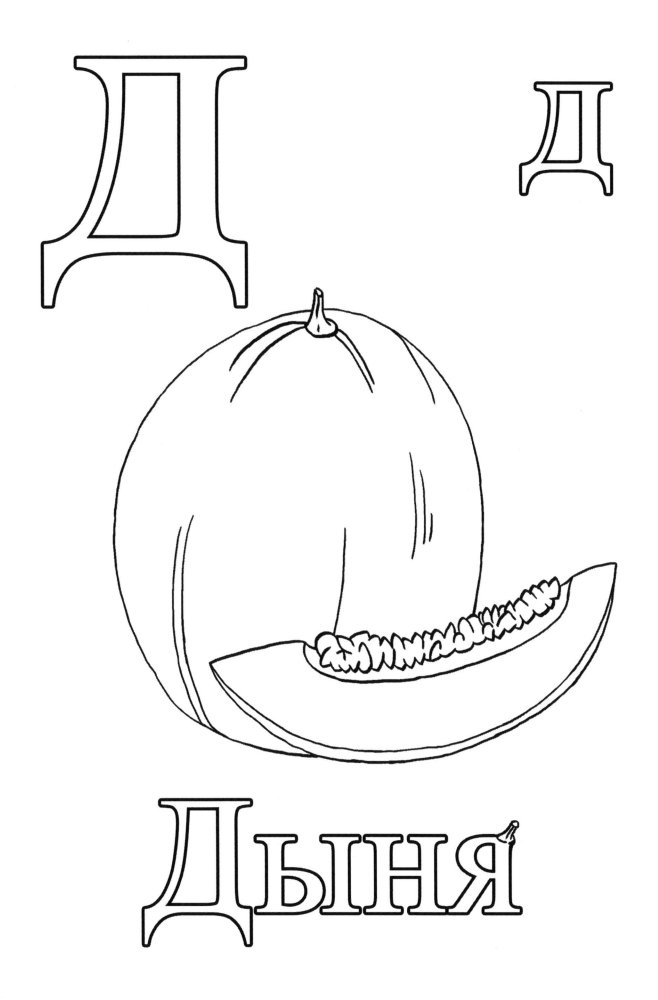

ДЫНЯ

Е е

ЕНОТ

Ё

ё

Ёлка

Ж   Ж

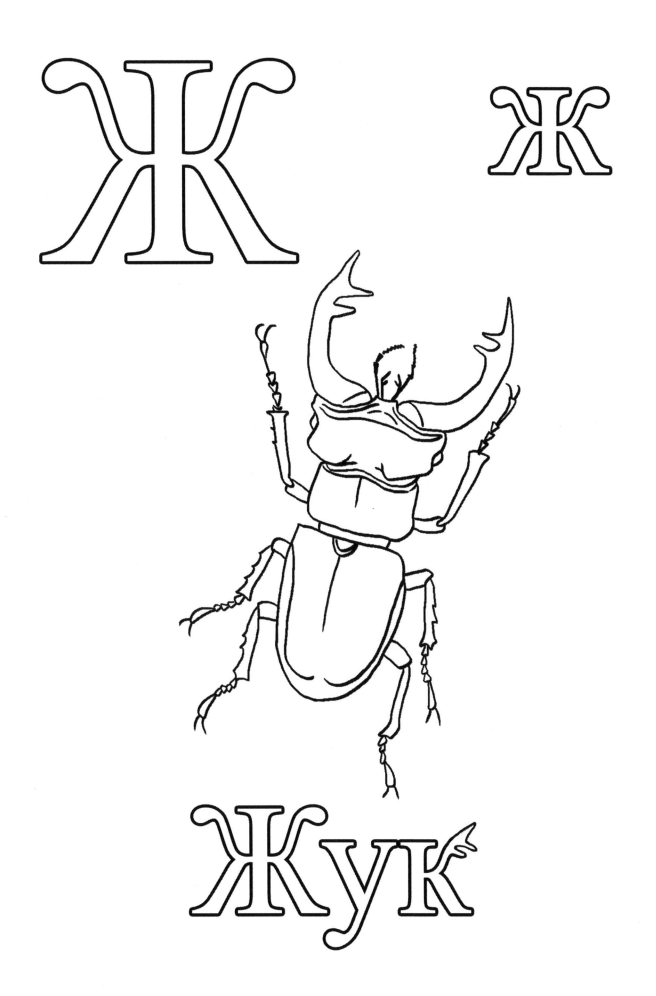

ЖУК

З

ЗОНТ

И

И

Индюк

Йогурт

K к

Книга

Л

Л

Лев

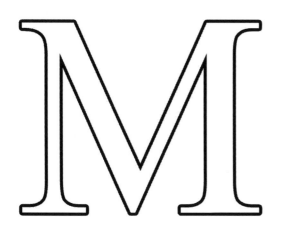

М

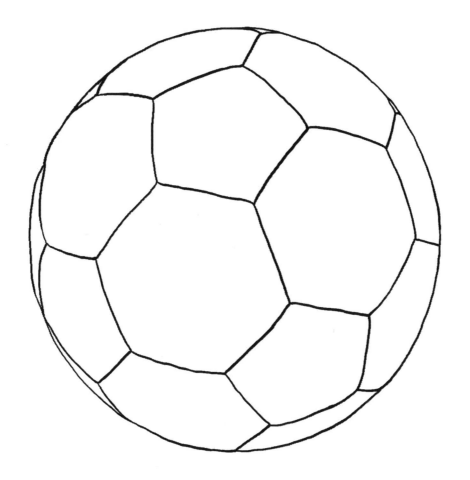

Мяч

Н н

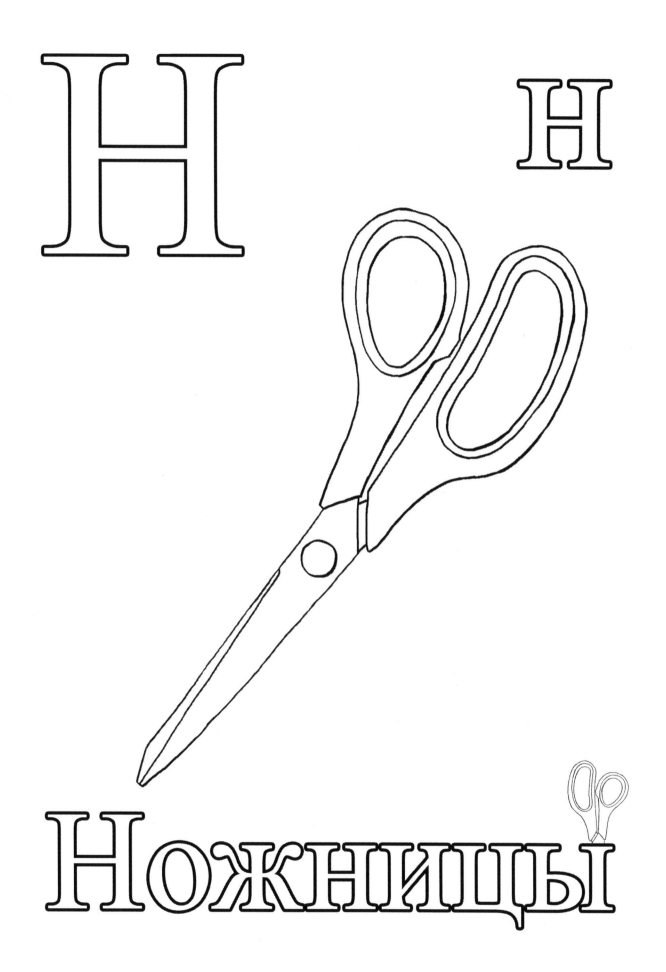

НОЖНИЦЫ

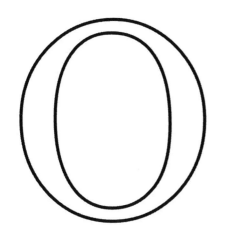

Очки

П П

Помидор

Р р

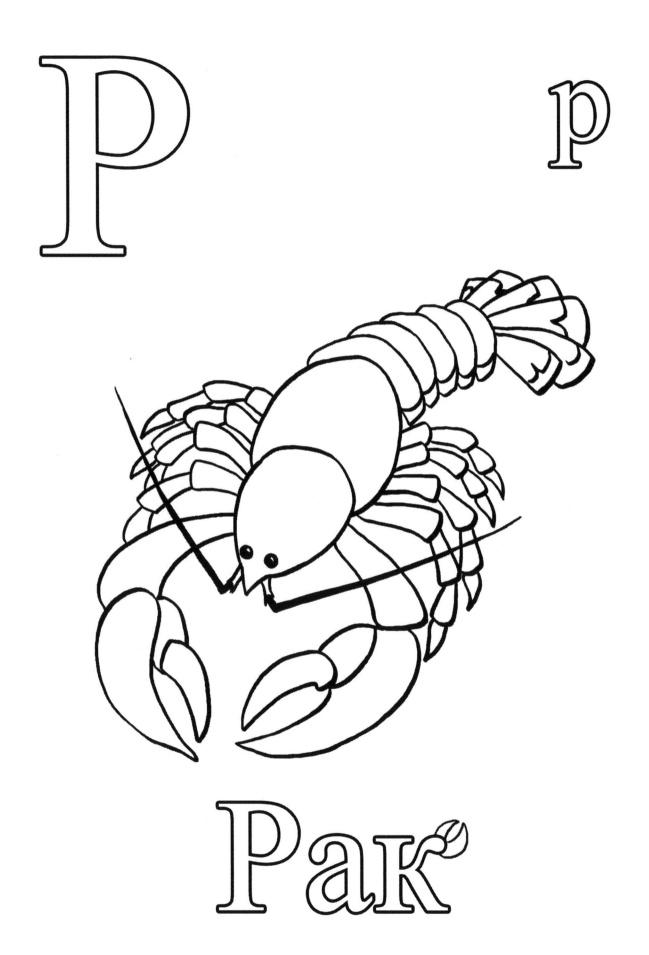

Рак

С с

Слон

Т   т

Торт

У   у

Утка

Ф ф

Флаг

X x

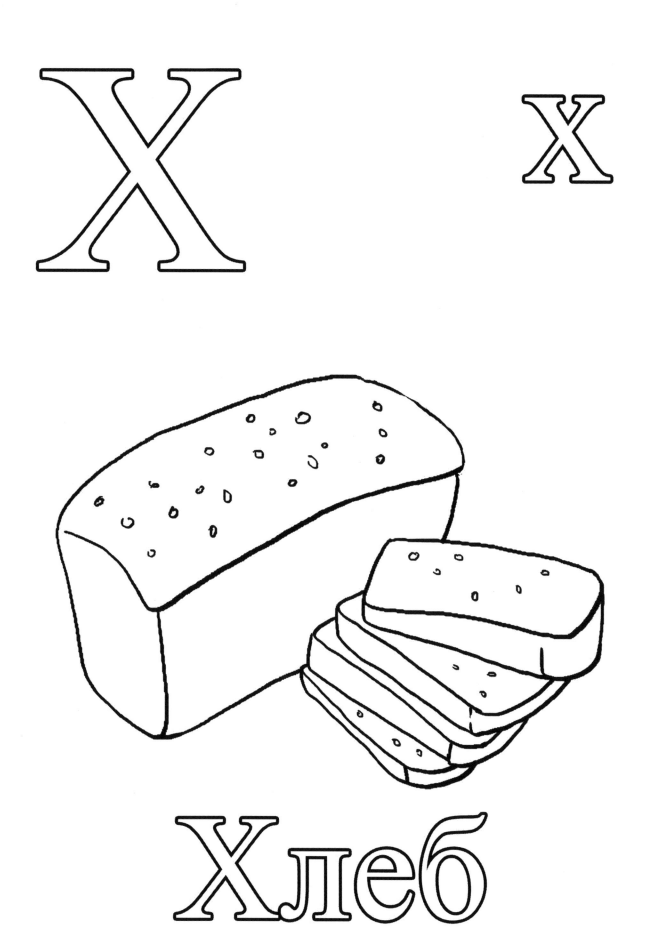

Хлеб

Ц   Ц

ЦВЕТОК

Ч ч

Черепаха

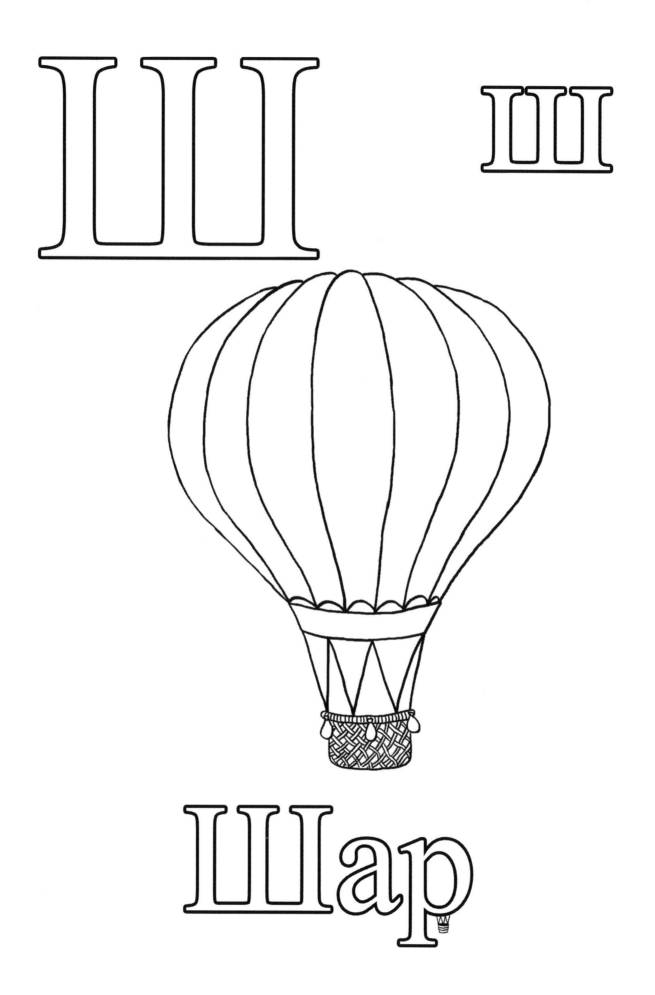

Ш ш

Шар

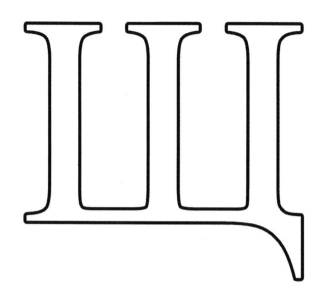

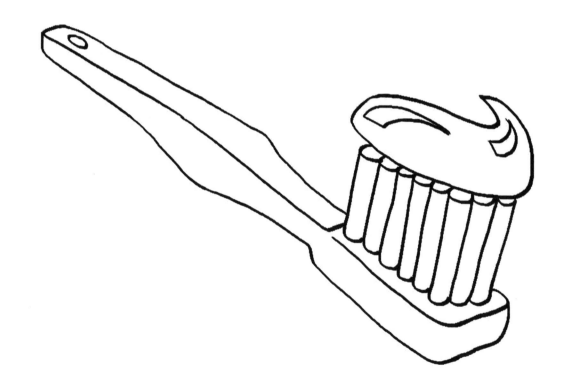

Щетка

Ъ Ъ

Подъезд

Ы Ы

Часы

Ь

Ь

Якорь

Э э

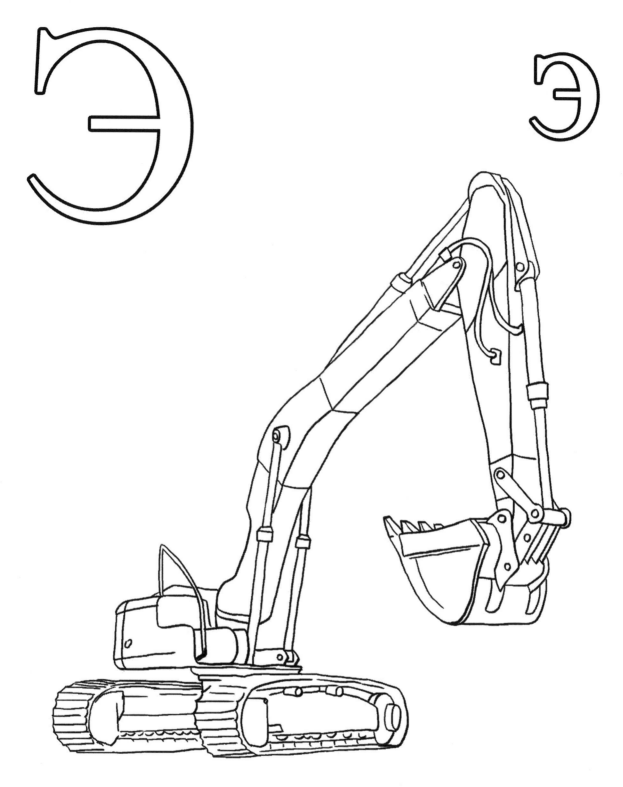

Экскаватор

Ю ю

Юла

Я я

Яблоко

Made in the USA
Coppell, TX
10 September 2021